부글부글 화가 나

스콜라 scola_가치 있는 책을 만드는 아름다운 책 학교
(주)위즈덤하우스의 아동·청소년 브랜드입니다.

글 박혜선
미루나무를 좋아하고 지나가는 아이들에게 말 걸기를 자주 합니다. 아이 같은 어른으로 살고 싶어 동화를 쓰기 시작했습니다. 지은 책으로는 동시집 《개구리 동네 게시판》《텔레비전은 무죄》《위풍당당 박한별》과 정란희 작가와 함께 쓴 동화 《쿠키 전쟁》 등이 있으며, 제1회 연필시문학상과 제15회 한국아동문학상을 받았습니다.

그림 권송이
상상력을 마음껏 발휘하여 어린이 책에 그림을 그리고 있습니다. 그림으로 소통할 수 있는 다양한 방법을 연구할 때가 가장 즐겁다고 합니다. 그린 책으로는 《어린이를 위한 도전》《떴다! 지식 탐험대 24》《초록 깃발》《12개의 황금열쇠》《밥상에 우리말이 가득하네》《마더 테레사 아줌마네 동물병원》《나도 학교에 가요》《지렁이를 먹겠다고?》《뼈순이의 일기》 등이 있습니다.

좋은습관 길러주는 생활동화 16

감정을. 잘. 표현하게. 도와주는. 책.

부글부글 화가 나

글 박혜선 | 그림 권송이

위즈덤하우스

작가의 말

당당하게 내 감정을 표현하자!

이정: 난 발야구가 좋아. 뻥! 하고 공이 날아가는 그 순간을 사랑해.
현서: 너, 공도 잘 못 차잖아.
이정: 못해도 좋아할 수 있잖아. 내가 좋아하면 된 거 아냐?

이정이 같은 친구를 보면 당당하다는 말이 떠올라요. 생각이 긍정적이고 확실해서 누구에게나 떳떳하게 자기 마음을 표현하는 친구, 같이 있으면 기분이 좋아지고 편안해져요.

현준: (놀리며) 안녕, 새우튀김?
세원: (화가 나면서도) 으? 응.
현준: (뺏어 먹으며) 이거 맛있겠다. 나도 좀 줘.
세원: (자기가 먹고 싶으면서도) 으응, 그래.

세원이 같은 친구는 어떤가요? 화도 내지 않고 무엇이든 다 들어주는 친구. 착하고 고마운 친구지요? 하지만 세원이의 친구들은 '쟤는 원래 화를 안 내는 아이야.' 하며 세원이의 친절을 대수롭지 않게 받아들

일지도 몰라요.

　이 책의 주인공 수빈이는 착하고 남에게 양보를 잘해요. 급식으로 나온 스파게티를 다 빼앗겨도 '안 돼!'라고 말하지 않아요. 듣기 싫은 별명을 계속 불러도 '싫어!'라고 말하지 않아요. 하기 싫은 일도 그냥 해요. 부글부글 마음속에서는 화산이 끓고 있는데 참고 웃어요. 왜냐하면 늘 '착하고 양보 잘하는 이수빈'이었으니까요.

　가끔씩 어른들은 말하세요.

　"네가 참아, 네가 양보해."

　그럼요, 참으면 싸움도 평화적으로 끝이 나지요. 양보하면 서로가 웃는 얼굴이 되기도 해요. '참다'와 '양보'라는 말은 참 좋은 것 같아요. 하지만 자신의 속마음은 그렇지 않은데 무조건 참는다는 건 좋지 않아요. 자기 생각을 제대로 표현하지 않고, 무조건 양보하고 배려하다 보면 남들에게 내가 가진 기회와 권리조차도 무시당할 수 있어요.

　이 책을 읽는 여러분들은 어떤 친구인가요? 저는 여러분들이 남을 배려할 줄 알되, 당당한 어린이였으면 좋겠습니다. 참을 땐 참지만 화를 낼 땐 화를 낼 줄 아는 아이, 양보할 땐 양보하지만 자기 생각을 펼칠 땐 자신감 있는 아이. 당당하게 참을 줄 알고, 당당하게 양보할 줄 알며, 당당하게 화를 낼 줄 아는 어린이가 되었으면 정말 좋겠습니다.

박혜선

 차례

작가의 말 당당하게 내 감정을 표현하자!   4

수빈이 좀 봐라    · · · ·   8

기부 천사    · · · · · ·   20

콩쥐 딸, 팥쥐 딸  · · · ·   33

체육 시간    · · · · · · ·   44

부글부글 화가 나  · · · · 50

내 마음이 시키는 대로  · · · 57

왜 나만 참아야 해?  · · · 69

부 록 소심쟁이 수빈이의 감정 표현 연습 74

① 내 감정 표현 지수는?
② 화가 날 땐 이렇게 해
③ 예의 있게 화내는 법!

 수빈이 좀 봐라

"학교 다녀왔습니다!"

수빈이가 현관에 들어서자마자 본 것은 아무렇게나 널브러져 있는 신발들이었어요.

습관처럼 엎드려 한 켤레 두 켤레 신발들을 짝을 맞춰 정리했어요. 거실은 한창 떠들썩했어요.

오늘은 수빈이네 집에서 '새별 엄마 모임'이 있는 날이에요. '새별 엄마 모임'은 수빈이가 다닌 새별 유치원 엄마들의 모임이에요. 한 달에 한 번씩 만나 차를 마시며 이야기도 나누지요.

"어머머, 수빈이 왔구나. 우리 규희는?"

"청소 당번이에요."

규희 엄마가 수빈이 가방을 받아 주었어요.

"수빈이는 언제 봐도 착실해. 시키지 않아도 신발 정리까지 하고 들어오는 것 좀 봐."

"감사합니다."

얌전하게 인사하는 수빈이에게 엄마들이 돌아가며 칭찬을 했어요.

"수빈 엄마는 좋겠다! 말하는 것 좀 봐. 어쩜 저렇게 의젓하니?"

엄마가 웃으며 수빈이 머리를 쓰다듬었어요.

"너무 그러지 마. 규희가 샘내겠다."

"바꿀 수만 있다면 수빈이랑 규희랑 딱 한 달만 바꿔 키웠으면 좋겠다."

규희 엄마의 장난말에 모두들 까르륵 웃었어요.

이제 곧 친구들이 올 거예요. 그래서 수빈이는 친구들이 오기 전에 학교 숙제를 후딱 해 놓았어요. 그리고 학습지를 꺼냈답니다.

"수빈 엄마, 도대체 태교를 어떻게 했길래 저렇게 예쁘고 착한 딸이 나와?"

"그러게 말이야. 밥 안 먹어도 배부르겠네."

"맞아, 맞아!"

엄마들의 칭찬이 배경음악처럼 깔렸어요. 수빈 엄마가 환하게 웃었어요.

"태교? 태교한 대로 애가 자라면 얼마나 좋게? 우리 승준이 가졌을 때 영어 동화책을 하루에 한 권 읽었어. 그런데 우리 승준이는 영어 책만 봐도 속이 울렁거린다잖아."

승준 엄마가 너스레를 떨었어요.

"하하하. 뱃속에서 너무 심하게 공부해서 그런 거 아냐?"

그때 초인종이 울렸어요. 규희였어요. 규희 엄마가 차를 마시다 말고 벌떡 일어나 문을 열었어요.

"우리 똥강아지 왔구나. 아이구, 이 땀 좀 봐."

규희 엄마는 이마에 송글송글 맺힌 땀을 손으로 쓱쓱 훔치더니 안아 주었어요. 규희는 인사를 하는 둥 마는 둥 하고는 탁자 위에 과일부터 집어 먹었어요.

"규희야, 손 씻고 먹어야지."

수빈 엄마가 낮고 조용한 목소리로 말했어요.

"네."

규희는 얼굴이 달아오르는 것 같았어요.

"규희야, 어서 와."

수빈이는 연필을 잡은 손을 흔들며 욕실에서 나오는 규희를 보고 인사를 했어요. 학습지를 하는 수빈이를 보며 규희는 입을 삐죽거렸어요.

"넌 이렇게 시끄러운데도 공부가 되니?"

손의 물을 튀기며 과일을 집어 든 규희가 만화책을 꺼내 들었어요. 그러면서 슬쩍 가까이 와 귓속말로 중얼거렸어요.

"너, 정말 실수였어?"

"뭐가?"

수빈이는 아무것도 모른다는 듯 학습지를 풀고 있었어요. 하지만 자기도 모르게 잘근잘근 손톱을 물어뜯었어요. 연필 잡은 손이 떨렸어요.

"실수 아니지?"

아무 대답도 하지 않았어요. 그럼 그렇지, 하는 표정으로 규희는 만화책으로 눈길을 돌렸어요.

"규희야, 너도 학교 숙제 꺼내. 우리 저녁 먹으러 갈 거야."

"저녁? 뭐 먹을 건데? 나 갈비 먹고 싶은데."

"엄마들이랑 의논해 보고 정할 거니까 넌 숙제부터 해."

규희 엄마는 책가방에서 알림장을 꺼내며 마땅한 자리를 찾는지 거실을 빙 둘러보았어요.

"저 다 했어요. 규희야, 내 책상에서 해."

수빈이는 책상을 정리하며 규희에게 자리를 내주었어요.

"엄마, 내일 토요일이니까 시간 많아. 이렇게 시끄러운 데서 해 봤자 머리에 들어오지도 않아. 시간 낭비라고!"

"서툰 목수가 연장 탓하고, 공부 못하는 학생이 분위기 탓한다! 엄마가 말했지. 수빈이 좀 봐라."

"엄마!"

규희가 소리를 꽥 질렀어요.

"아이고, 깜짝이야! 버릇없이 어디서 소리를 버럭버럭 지르니?"

"엄마가 화나게 했잖아."

"꼬박꼬박 말대답하는 것 좀 봐. 엄마가 어른들 앞에서 예의 바르게 행동하라고 했지?"

뒷말은 더 듣고 싶지도 않다는 듯 규희는 손을 휘휘 내저었어요.

"알았어. 알았다고. 어른들 앞에서만 예의 있음 되지?"

규희는 뭔가 의미심장한 표정으로 수빈이를 바라보았어요. 수빈이는 얼른 고개를 숙였어요. 수빈 엄마

가 가운데서 말렸어요. 규희 엄마는 한숨을 푹 내쉬었고, 규희는 마지못해 책장을 휙휙 넘겼어요. 그러면서도 화가 덜 풀린 듯 꿍얼거렸어요. 자신 때문에 엄마에게 혼이 났다고 원망하는 것 같았지만 수빈이는 못 들은 척했어요.

"엄마, 수연이 올 시간인데……. 제가 나가 볼게요."

"어? 그래. 정신없어서 깜빡했는데 역시 우리 수빈이구나."

엄마가 엉덩이를 토닥여 주었어요.

"부럽다, 부러워! 어쩜 동생까지 저렇게 잘 챙기니. 김규희, 집중하라고 했지."

규희 엄마가 또다시 나무랐어요. 성난 코뿔소처럼 씩씩거리는 규희의 숨소리가 들렸어요. 뒤통수에 껌이 붙은 것처럼 찝찝했어요.

'내가 혼내라고 한 것도 아니잖아.'

규희가 옆에 있는 것처럼 변명하듯 중얼거렸어요.

아파트 앞에 유치원 노란 버스가 멈춰 서 있었어요. 마침 동생 수연이가 내렸어요.

"언니!"

수연이는 가방을 벗어 던지듯 수빈이에게 넘겼어요. 도우미 선생님께 인사를 하고 엘리베이터를 탔어요.

아까 규희가 했던 말이 떠올랐어요.

'실수 아니지? 실수 아니지? 아니지? 아니지?'

실수인지 아니면 일부러 그랬는지 수빈이도 알 수 없었어요. 왜 그랬는지, 정말 자기가 그런 건지 스스로도 믿기지 않았어요.

"언니! 내 말 듣는 거야?"

"으응?"

"그래서 내가 현우한테 좋아한다고 고백했다고. 그런데 현우는 정민이 좋아한대. 진짜 속상해."

수연이는 잠시도 쉬지 않고 쫑알거렸어요. 하지만 수빈이 머릿속에는 규희의 말만 메아리처럼 맴돌았어요.

'애들이 너보고 뭐래는 줄 알아? 애들이 너보고 뭐래는 줄 알아? 알아? 알아?'

쿵! 발로 엘리베이터 벽을 찼어요. 놀란 수연이가 빤히 쳐다봤어요.

'내가 뭘? 내가 어쨌다고! 난 아무 잘못 없어.'

기부 천사

2학년에서 3학년이 되었다는 건 학급 회장을 내 손으로 뽑을 수 있다는 거예요. 2학년 때까지는 번호 순서대로 학급 도우미가 있었을 뿐 회장 선거 같은 건 없었어요. 수빈이도 3학년이 되면서 학급 회장에 도전하고 싶었어요. 2학년 때 같은 반인 민아와 성래도 회장 선거에 나간다며, 벌써부터 선거운동을 하고 다녔어요.

엄마는 처음이 중요하다고 했어요. 한 번 임원이 되면 6학년 때까지 임원이 될 수 있다며 꼭 나가 보라고 했어요. 게다가 아빠까지 팍팍 밀어주겠다며 수빈이를 치켜세웠어요.

"수빈아, 엄마 생각은 네 모습을 있는 그대로 보여 주는 게 좋을 것 같아. 양보 잘하고 친절한 모습을 친구들한테 보여 주는 거지."

"여보, 요즘 아이들은 그런 거 안 좋아해. 특별한 이벤트가 필요하다니까."

"실내화 들고 발바닥에 불나도록 열심히 뛰겠습니다, 이런 거? 유행 지났다니까."

"그런 건 아니지만 개인기가 있어야지. 요즘은 연예인들도 개인기가 있어야 살아남는 세상인 거 몰라?"

아빠 말이 맞았어요. 최신 유행하는 노래에 자기의 포부를 가사로 만들어 부른 성래가 남자 회장이 되었어요. 민아는 소품으로 무를 가져와 개그맨이 한 것처럼 앞니로 갉았어요. 무를 떨어뜨리고 목에 넘어갔는지 캑캑거리며 웃더니, 이내 기계로 하는 것처럼 재빠르게 쓱쓱 갉았어요.

"처음엔 어설프겠지만 노력하면 이렇게 변할 수 있습니다.

노력하는 오민아를 뽑아 주세요."

두 손으로 무를 들고 흔드는 동작까지 완벽하게 한 민아는 아이들의 함성과 함께 19표로 여자 회장이 되었어요. 규희는 '친구들아, 믿는다!' 이 말만 하고 꾸벅 인사를 한 뒤 들어왔어요. 2학기 때 나간다며 준비도 하지 않았는데 친구들이 추천해서 얼떨결에 나간 거였거든요. 이런 규희도 5표를 얻었지요.

수빈이는 이틀 동안 엄마와 아빠가 써 준 원고를 외웠어요. 길면 지루한 거라며 초시계를 옆에 두고 시간까지 쟀어요. 표를 부탁할 때는 간절한 마음이 들도록 얼굴 표정도 꼼꼼하게 연습했어요.

"저의 모든 능력을 여러분들을 위해 기부하겠습니다. 저의 모든 재주를 3학년 7반을 위해 기부하겠습니다. 나눔을 실천하는 이수빈. 여러분들의 기부 천사가 되겠습니다. 뿌잉뿌잉!"

마지막은 하는 게 아니었어요. '양손을 볼에 갖다 대고 애교

스럽고 귀엽게 뿌잉뿌잉' 엄마가 이렇게 하라며 시범까지 보여 주었어요. 하지만 아무리 연습해도 엄마의 주문처럼 애교스럽고 귀여운 모습은 나오지 않았어요. 안 하면 안 되겠느냐고 했는데도 오히려 이런 모습이 더 기억에 남을 수 있다며 끝까지 하라고 시켰어요. 수빈이는 싫다고 말하고 싶었지만 엄마의 설득과 칭찬에 어쩔 수 없이 고개를 끄덕이고 말았지요.

모든 개표가 끝난 뒤, 교실은 쥐 죽은 듯 조용했어요. '5초 침묵' 관호도 10초 넘게 말이 없었어요. 이 어색한 분위기, 마치 남의 교실에 앉아 있는 것처럼 불편해서 어디론가 '뿅' 하고 사라지고 싶었어요.

이수빈 이름 옆에는 달랑 막대기 하나가 빗금처럼 쳐져 있었어요. 수빈이가 쓴 거예요. 손톱을 잘근잘근 물어뜯었어요. 손톱 끝에서 피가 났어요.

"기부 천사 한 표! 기부 천사 한 표!"

그때부터 수빈이는 이름 대신 '기부 천사'로 불렸어요. 그리고 제발 5초만이라도 입 좀 다물고 있으라고 해서 붙여진 '5초 침묵' 관호의 별명은 '10초 침묵'으로 바뀌었지요.

수빈이는 아이들이 기부 천사라고 부를 때마다 그날의 일이 생각나서 속상했어요. 하지만 애써 아무렇지 않은 척하며 자기 일만 했어요.

"기부 천사는 화도 안 내. 정말 천사인가 봐."

코앞까지 얼굴을 디밀고 놀려 대는 관호를 볼 때마다 수빈이는 피자 가게에서 요리사가 밀가루 반죽을 둥그렇게 펴서 늘리고 있는 모습을 떠올렸어요. 그 피자 반죽을 그대로 관호의 얼굴에 던지는 상상을 하면 떨리던 손이 안정되고 마음이 조금 편해졌어요.

"관호 네가 제일 잘한 일이 뭔 줄 아니? 수빈이 별명 지은 거야."

선생님도 아이들이 수빈이를 그렇게 부를 때마다 한마디씩 보탰어요.

"준비물 못 가져오는 친구를 위해 넉넉하게 챙겨 오고, 말 안 해도 칠판 지우고, 선생님 책상 정리해 주

고. 수빈이는 진짜 우리 반 천사야, 천사!"

"그런데 관호! 뒤에 붙는 한 표는 빼라. 한 번만 더 선생님 귀에 들리면, 그날은 급식 못 먹을 줄 알아."

"에이, 너무해요! 치사하게 먹는 걸로 겁주시고."

수빈이는 저렇게 말하는 관호가 부럽기도 했어요. 관호는 아무리 타박을 받아도 선생님께 자기 하고 싶은 말은 꼬박꼬박 다 했으니까요.

급식 시간이었어요. 규희와 나란히 앉아 급식을 먹는데 관호와 성래가 맞은편 자리에 와서 앉았어요. 수빈이는 말없이 밥만 꾸역꾸역 먹었어요. 관호와 성래는 서로의 식판에 있는 탕수육을 뺏어 먹으며 장난을 치더니, 수빈이를 보고 말했어요.

"기부 천사! 배고픈 저에게 이 탕수육을 기부해 주시렵니까?"

수빈이는 눈을 깜박거리며 애교를 떠는 관호를 빤히 쳐다보았어요.

"그 눈빛! 허락의 뜻으로 알겠습니다."

관호가 수빈이의 식판에 있는 탕수육을 냉큼 집어 들었어요.

"나도 나도!"

탕수육이 이 젓가락에서 저 젓가락으로 옮겨 갔어요.

"너희가 쿵푸 팬더냐? 유치하긴."

말 한마디를 해도 규희가 하면 아이들이 웃었어요.

"그래 난 포다. 덤벼라!"

성래가 젓가락으로 관호의 입에 들어가려는 탕수육을 빼앗으며 방해를 했어요. 그 바람에 탕수육이 풍덩! 수빈이 국그릇으로 떨어졌어요. 김치콩나물국의 빨간 국물이 수빈이의 분홍색 블라우스에 튀었어요. 물감이 번지듯 얼룩덜룩 지저분해졌어요.

"어떡해! 괜찮아?"

규희가 국물을 닦아 주며 물었어요. 수빈이는 괜찮다고 했어요.
"역시 천사야. 만약에 조폭 마누라 규희였다면 우린 꽥!"
성래가 손을 자기 목에 대며 죽었다는 시늉을 했어요. 그러고는 성래와 관호는 낄낄거리며 아무 일도 없었다는 듯 식판에 코를 박고 먹기 시작했어요.
수빈이는 둘을 물끄러미 바라보았어요. 성래와 관호가 음식물 찌꺼기 통 속에 빠지는 상상을 했어요. '으악' 통 속에 빠진 두 아이의 꼴이 볼 만했어요. 머리에 밀짚모자처럼 걸쳐진 콩나물과 여기저기에 달라붙어 있는 밥풀 때문에 웃음거리가 되었어요. 두 아이는 눈에 고춧가루가 들어갔는지 콜록거리며 엉

엉 울었어요.

　입을 헤벌린 채 상상 속에 빠져 있는 수빈이를 규희가 흔들었어요.

"이수빈, 안 가?"

"으응? 그래."

　자리에서 일어난 규희가 가자고 재촉했어요. 수빈이는 키득거리며 웃고 있는 성래와 관호를 보며 일어났어요. 그러고는 식판을 들었어요.

"으악! 뭐야?"

식판이 두 아이의 머리 위로 엎어졌어요. 음식 찌꺼기를 뒤집어쓴 성래와 관호가 비명을 질렀어요. 아이들이 몰려오고 다른 자리에서 식사를 하던 선생님이 뛰어왔어요. '미안해, 미안해'를 반복하며 수빈이는 둘의 얼굴에 묻은 콩나물을 떼어 내고, 휴지로 얼굴을 닦아 주었어요. 급식 도우미 선생님이 성래와 관호를 수돗가로 데려갔어요.

"괜찮아, 수빈이 네가 일부러 그런 것도 아니잖아. 놀라진 않았니?"

선생님은 잔뜩 겁에 질려 서 있는 수빈이를 오히려 위로해 주었어요.

"네, 죄송해요."

고개를 숙이고 돌아서는데 규희와 눈이 마주쳤어요. 수빈이는 말없이 3층 복도를 지나 교실로 들어갔어요. 이상하게도 마음 한구석이 시원해지는 것 같았어요.

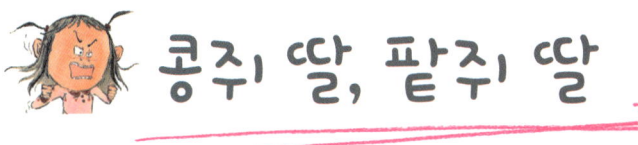
콩쥐 딸, 팥쥐 딸

거실에서 웃음소리가 들렸어요. 수연이 친구 현우가 놀러왔거든요. 현우는 내일까지 수빈이네 집에서 지내기로 했어요. 친척 어른이 돌아가셔서 부모님이 모두 장례식장에 가셨거든요. 엄마는 시장에 가셨고, 수빈이는 방에서 책을 읽고 있었어요.

"현우야, 우리 퍼즐 할래?"

그 말에 놀라 뛰어나갔어요. 주말 내내 맞춰 둔 모나리자 얼굴의 퍼즐이 생각났어요. 1500조각으로 작게 나누어져 시간이 많이 걸렸지만, 출장 간 아빠가 돌아오시면 자랑하고 싶었거든요.

하지만 한발 늦고 말았어요. 장식장 위에 올려 둔 퍼즐 판을 수연이가 잡아당기고 있었어요. 우당탕! 새끼손가락만 한 작은 퍼즐 조각들이 와르르 바닥에 쏟아졌어요. 모나리자 얼굴이 깨진 거울처럼 산산조각 나고 말았어요.

"이수연!"

수연이는 자신이 무슨 잘못을 했는지 모르겠다는 표정으로 수빈이를 쳐다보더니, 현우의 팔을 끌고는 주방으로 갔어요.

"현우야, 너 요구르트 마실래?"

"응, 그래."

둘은 손을 꼭 붙잡고 요구르트의 빨대를 쭉쭉 빨며 온 집 안을 돌아다녔어요. 수빈이는 속이 부글부글 끓었어요.

"이수연, 너 이거 치워!"

"나, 현우랑 놀아야 하니까 언니가 치워 줘. 콩쥐 딸이 치워야지."

"콩쥐 딸이 뭐야? 수빈이 누나 콩쥐야?"

"응. 우리 언니 엄청 착하고, 말 잘 듣는다고, 우리 엄마가 콩쥐 딸이래."
"그럼 너?"
"나? 팥쥐 딸이지."

깔깔거리며 둘은 퍼즐은 까맣게 잊어버린 듯 만화영화를 틀었어요. 소파 위에는 빈 요구르트 병이 뒹굴었어요. 가슴속이 파르르 뜨거워졌다가 사르르 식었다가, 오락가락했어요.

수빈이는 퍼즐 조각을 하나하나 주워 담았어요. 요구르트 병도 재활용 통에 담았어요. 바닥에 어질러진 책은 책꽂이에 꽂고,

벗어 둔 양말은 빨래 통에 갖다 놓았어요.

"수빈이 누나 진짜 착한 콩쥐구나. 우리 사촌 누나는 자기 공책에 낙서했다고 누나 방에 들어가지도 못하게 하는데."

"우리 언니는 화도 안 내. 진짜 착한 콩쥐야. 언니, 만화영화 안 보이잖아. 비켜."

수빈이는 주워 담던 퍼즐 조각을 던졌어요. 그러고는 그대로 달려가 수연이를 발로 차 버렸어요. 리모컨이 거실 바닥으로 떨어졌어요. 수연이는 걷어차인 엉덩이를 만지며 겁에 질린 표정으로 울음을 터트렸어요.

"으아앙."

울음소리에 정신이 퍼뜩 들었어요. 현우도 덩달아 울음을 터트리며 소파 뒤로 숨었어요. 수연이의 울음소리가 온 집 안을 뒤흔들었어요.

그때, 띠디딕 현관문 비밀번호 누르는 소리가 들렸어요.

"어머, 무슨 일이래?"

장바구니를 내려놓으며 엄마가 달려왔어요.

"현우랑 싸웠니? 사이좋게 놀아야지. 현우도 뚝!"

수연이와 현우는 더 크게 울었어요. 엄마는 둘을 안고 토닥였어요. 그러고는 수빈이를 보면서 입 모양으로 왜 싸운 거냐고 물었어요. 수빈이는 할 말을 찾지 못했어요. 머뭇머뭇하다가 자기도 모르게 입으로 손을 가져갔어요. 잘근잘근 손톱을 물어뜯었어요. 가슴이 쿵쾅거리며 뛰었어요. 내가 왜 그랬지? 내가 진짜 수연이를 발로 찬 걸까? 꿈처럼 가물가물했어요.

"이 녀석들, 얼마나 심하게 싸웠으면 우리 콩쥐 딸도 정신이 없네. 언니 말 좀 잘 듣고 있지 왜 싸우고 그래. 그만 뚝! 맛있는 스파게티 해 줄게. 이제 그만 울어!"

엄마는 별일 아니라는 듯 수빈이에게 동생들 좀 달래 주라며 주방으로 들어갔어요. 훌쩍거리던 울음이 그쳤어요. 둘은 수빈이를 피해 엄마가 있는 주방 쪽으로 도망갔어요.

저녁을 먹을 때도 둘은 수빈이 눈치를 보았어요.

"우리 이쁜 팥쥐 딸, 왜 그래? 말도 없고. 아직도 화난 거야?"

수연이는 울먹거리며 수빈이를 쳐다보았어요. 수빈이는 모

르는 척 스파게티만 먹었어요.

"엄마, 더 주세요. 너무 맛있어요."

엉뚱한 말이 튀어나왔어요.

"엄마, 꺽꺽. 언니가 때렸어. 발로 여기 꺽꺽, 세게 찼어."

수연이는 왼쪽 엉덩이를 만지며 배죽배죽 울음을 터트렸어요. 입속에 잔뜩 넣은 스파게티가 삐져나왔어요.

"저, 그게 아니라……."

현우가 빤히 수빈이를 쳐다보았어요.

"수연아, 너 또 팥쥐 심보 나왔구나. 엄마가 거짓말은 나쁜 거라고 했지. 설마 언니가 그랬겠어? 너희 언니는 절대 그럴 애가 아냐."

엄마는 되려 수연이를 혼냈어요. 수빈이는 배가 아프다며 식탁에서 일어났어요.

"아니야, 언니가 꽥꽥 소리 질렀어."

"네가 그렇게 떼를 써도 수빈 언니가 화내는 거 봤어? 괜히 언니한테 심통이야. 너, 규희 동생이었으면 만날 맞고 살았어."

엄마는 수빈이에게 눈을 찡긋거리며 마음 쓰지 말라고 했어요.

답답해서 미칠 것 같았어요. 내가 수연이를 때렸다고 말했어야 하는데 또 놓쳤어요.

'수빈이가 그럴 리 없어.'

엄마의 이런 말을 들을 때마다 마음속에 단단한 돌덩이가 한 무더기씩 쌓이는 것 같았어요.

'우리 수빈이는 마음도 너그럽지.'

동생이 인형을 달라고 떼를 썼을 때 이렇게 말했어요. 그럼 수빈이는 그 인형을 동생에게 내밀었어요.

'수빈아, 언니잖아. 네가 참아.'

동생이 약 올려서 화가 머리끝까지 났을 때도 이렇게 말했어요. 그 말을 들으면 꽉 쥐었던 주먹에 스르르 힘이 풀렸어요. 규희랑 말싸움을 했을 때도 마찬가지였어요.

'참는 게 이기는 거야. 네가 먼저 사과해.'

엄마가 하라는 대로 하면 칭찬이 선물 세트처럼 따라왔어요. 그런데…… 그런데 이상했어요. 머리로는 참아야 하는 걸 아는데 갑자기 손이 사고를 쳤어요. 발이 엉뚱한 행동을 했어요. 수빈이는 너무 무서웠어요. 엄마의 착한 콩쥐 딸이 왜 이러는지 또 어떤 일을 저지를지 두렵고 겁이 났어요. 그냥 팥쥐 딸이었으면 좋겠다는 생각밖에 들지 않았어요.

체육 시간

드디어 결전의 날이 왔어요. 스탠드에 앉아 있는 우리 반 남자아이들이 머리띠를 두르고 고래고래 소리를 질렀어요.

"7반, 7반! 너희들만 믿는다!"

관호와 성래는 일어서서 엉덩이까지 흔들었어요. 공격 팀을 정하기 위해 우리 반 여자 회장 오민아와 6반 여자 회장인 이정이가 가위바위보를 했어요. 민아가 이겨서 우리 반이 먼저 공격하게 되었어요.

"와아~!"

관호가 운동장으로 뛰어나와 만세를 부르며 지나갔어요.

피구 경기가 시작되었어요. 수빈이는 무리에 끼어 공을 피해 다녔어요. 6반 아이들이 공을 던질 때마다 그 공이 자기에게 달려드는 것 같아 조마조마했어요. 사실 체육은 정말 싫었어요. 땀을 삐질삐질 흘리며 이리 뛰고 저리 뛰는 피구는 더더욱 싫었어요. 하지만 반 전체가 참여하는 경기여서 어쩔 수 없이 해야 해요. 공을 피해 이리저리 몰려다니는 모습이 사냥꾼을 피해 도망치는 토끼 꼴처럼 보였어요.

"잘한다, 잘한다, 김규희!"

규희는 바람처럼 빠른 공을 잡기까지 했어요. 규희가 잡은 공이 우리 편 한 명을 살릴 수 있는 기회가 되었어요. 일찌감치 공에 맞아 자리에 앉아 있던 수빈이는 규희가 받은 공 덕분에 또다시 살아나 이리저리 뛰어다녔어요.

하나 둘씩 공에 맞고, 마지막 규희와 수빈이만 남았어요.

"수빈이 두고 규희부터 먼저 맞춰."

6반 남자아이들이 외쳤어요. 공이 빠르게 왔다갔다 했어요.

체육 시간 45

규희는 땀으로 온몸이 흠뻑 젖어 있었어요. 지쳤을 법도 하건만 요리조리 잘도 피해 다녔어요.

이정이가 공을 잡고 빙그르 돌리며 수빈이와 규희를 번갈아 보았어요.

"자, 간다."

수빈이를 향해 공을 던지는가 싶더니 재빨리 방향을 바꿔 규희 쪽으로 던졌어요.

"수빈아, 이쪽으로 오지 마."

공도 보지 않고 무작정

대각선으로 뛰고 있던 수빈이는 그만 규희와 꽝 부딪쳤어요. 그 순간 공이 규희 머리를 맞추고 수빈이 등으로 튕겨 갔어요.

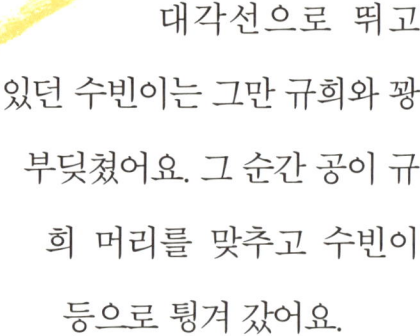

"와~~~~!"

뿌연 먼지를 일으키며 아이들이 펄쩍펄쩍 뛰었어요. 6반 아이들은 누가 먼저랄 것도 없이 운동장을 돌며 만세를 불렀어요.

"뭐야? 이수빈, 넌 공부 말고 잘하는 게 뭐냐? 죽으려면 혼자 죽지 규희까지 죽게 만드냐?"

발로 땅을 차며 성래가 투덜거렸어요.

"난 처음부터 기부 천사가 불안했다니까."

"기부 천사 좋아하네. 아이스크림 날아가게 한 악마다, 악마!"

수빈이는 자기도 모르게 또다시 손톱을 잘근잘근 물어뜯었어요.

'나쁜 자식. 먹는 것밖에 모르는 돼지 먹통 고릴라 같은 놈.'

손톱 밑이 따끔거렸어요.

'그래, 아이스크림 먹고 배탈이나 나라. 이 나쁜 놈들아.'

돼지 고릴라 같은 놈!

마음속으로 이렇게 쏘아붙이고 있는데, 그때 왜 엄마 말이 떠올랐을까요?

'네가 참아. 참는 게 이기는 거야.'

수빈이는 귀를 막고 도리질을 쳤어요.

"너희들, 열심히 한 수빈이한테 왜 이래?"

규희가 화를 발칵 냈어요.

"오우! 조폭 마누라 화나면 우린 끝장이야."

호들갑을 떨며 파리처럼 비는 관호의 등을 후려치며 규희가 씩씩거렸어요.

저쪽에서 6반 선생님과 말씀을 나누던 담임 선생님이 호루라기를 불었어요. 흩어졌던 아이들이 하나둘씩 모여들었어요.

"오늘 모두들 멋진 경기를 보여 줬어. 특히 이수빈, 김규희. 최후의 전사들에게 박수!"

선생님의 말씀에 어쩔 수 없이 문어처럼 흐물거리며 손뼉을 치는 관호의 등을 누군가 퍽 하고 때려 주었어요. 이번에는 민아였어요. 그 모습을 본 아이들이 깔깔거리며 웃었어요.

슈퍼 앞에서 규희를 만났어요. 수빈이는 손을 흔들며 인사를 했어요.

"야, 이수빈! 너 정말 무섭더라."

규희는 빈정거리듯 말했어요.

"무슨 소리야?"

"시치미 떼지 마! 다 봤어."

"뭘?"

규희는 사회 모둠 숙제를 마치고 돌아오던 길에 놀이터에서 수빈이를 보았어요. 수빈이는 혼자 그네에 앉아 있었어요. 규희는 수빈이에게 아는 척을 하려고 다가가다가 멈칫했어요.

수빈이가 얼룩이를 향해 과자를 던지면, 얼룩이가 묘기를 부리듯 팔짝팔짝 뛰며 과자를 받아먹고 있었어요. 얼룩이는 놀이터에 자주 나타나는 떠돌이 강아지인데, 얼룩덜룩한 털빛 때문에 그렇게 불렀어요. 얼룩이가 바닥에 떨어진 과자를 먹으려고 막 고개를 땅에 박는데 수빈이가 대뜸 걷어찼어요.

깨깽깽깽!

얼룩이가 앓는 소리를 하며 도망쳤어요. 수빈이는 그런 얼룩이를 무심한 눈빛으로 바라보기만 했어요.

규희는 수빈이가 낯설었어요. 다른 사람 같았어요. 무섭기까지 했어요. 아이들이 놀려도 그냥 웃으며 참는 수빈이가 불쌍한 얼룩이를 왜 때리는 걸까? 아무리 생각해도 알 수 없었어요.

"그 불쌍한 강아지를 왜 때리니?"

유치원에서 키우던 병아리가 죽었을 때가 생각났어요. 둘은 유치원 버스에서 내려 화단에 묻은 병아리 무덤을 찾아가 기도하곤 했어요.

"노랑아? 하늘나라에서 잘 놀아."

유치원 버스를 타고 집에 올 때도 병아리 무덤을 찾아가 인사를 하고 버스를 탔어요. 소나기가 오던 날은 우산도 씌워 주고, 생일 파티를 한 날은 사탕도 묻어 주었어요. 그랬던 수빈이가 얼룩이를 축구공처럼 '뻥' 찬 거예요. 이해가 되지 않았어요.

"그냥, 화가 나서 그랬어."

"얼룩이가 널 화나게 했어?"

"아니, 아무도 나랑 모둠을 하려고 하지 않아. 난 아이들에게 잘못한 것도 없는데 아이들이 날 싫어해."

수빈이의 말에 규희가 한숨을 내쉬었어요.

모둠별 숙제가 있었어요. 세 명씩 한 조가 되어 공공 기관을 탐방하는 일이에요. 그 일에 종사하는 사람을 직접 만나 인터뷰도 해야 해요. 화장실을 다녀온 규희에게 민아가 성래랑 셋이 같은 조라고 해서 그냥 그런 줄 알았어요. 그런데 수빈이는 같이하자고 손을 내미는 친구가 없어 속상했나 봐요.

아이들이 수빈이는 너무 조용해서 같이 놀면 심심하다고 했어요. 착하지만 좋아하는 게 뭔지 싫어하는 게 뭔지 알 수 없는 아이라고 했어요. 남의 부탁도 잘 들어주고 연필도 잘 빌려 주지만 화장실을 함께 다니며 낄낄거리기는 싫다고 했어요. 같이 앉아 급식을 먹기는 어색하다고 했어요. 규희도 그런 기분이 들 때가 많았어요.

하지만 같이 놀다가도 어느새 뒤로 빠져 있는 수빈이를 보면

속상하기도 했어요. 엄마가 수빈이랑 비교하며 자기를 혼낼 때는 수빈이가 얄밉기도 했지만, 그건 그때가 지나면 다 잊었어요. 유치원 때부터 친구들에게 양보 잘하는 수빈이, 착한 수빈이, 천사 수빈이……. 선생님들도 수빈이 이름 앞에 늘 이런 말을 붙였어요.

하지만 규희는 그런 수빈이가 부럽지는 않았어요. 착하긴 하지만 별로 재미있어 보이지는 않았으니까요. 칭찬을 받긴 했지만 별로 즐거워 보이지는 않았으니까요. 차라리 손들고 벌서면서 장난치는 승준이가 더 즐거워 보였어요. 그래서 유치원 친구들과 모여 놀 때도 승준이랑 노는 게 더 재미있었어요.

그리고 정말 수빈이 마음은 어떨까? 그 속을 한 번만이라도 탐험해 봤으면 좋겠다고 생각했어요. 친구들이 자기 물건을 망가뜨렸을 때 웃으면서 '괜찮아.'라고 말하는 그 순간, 진짜 속마음은 어떤지 꼭 한 번 보고 싶었어요.

"그럼 아이들에게 화를 내지, 왜 불쌍한 강아지한테 화풀이를 하니?"

"몰라. 부글부글 화가 나. 그땐 참았는데 혼자 있다 보면 생각이 나. 그때 얼룩이가 보인 거야. 내가 왜 얼룩이한테 그랬는지 금방 후회하면서도……."

"그럼 솔직하게 말을 해. 죄 없는 강아지한테 화풀이하지 말고, 널 속상하게 만든 애들한테 화를 내라고!"

"몰라. 몰라. 몰라!"

눈앞에 자기를 놀린 친구들이 있는 것처럼 노려보는 수빈이의 눈에 눈물이 그렁그렁 맺혔어요.

내 마음이 시키는 대로

"으음~, 이 향기는 달콤한 파인애플 향기."

2층 급식실에서 올라오는 냄새예요. 그걸 놓치지 않고 한마디 던지는 관호 때문에 여기저기서 웃음이 터져 나왔어요. 선생님은 칠판에 사회과부도에 있는 지도를 그리며 설명을 하고 계셨어요.

"선생님!"

선생님이 관호를 돌아보았어요.

"오늘은 스파게티에 마늘빵이 나오는 날입니다."

"그래서?"

"파인애플도 나옵니다."

"하고 싶은 말이 뭐야?"

웃음이 나오는 걸 억지로 참는 듯한 표정의 선생님은 사회과 부도를 내려놓고 관호 쪽으로 한 걸음 한 걸음 다가갔어요. 곧 관호에게 꿀밤을 한 대 먹일 게 분명했어요. 관호도 그럴 줄 안다는 듯 머리를 감싸 쥐면서도 계속 종알거렸어요.

"6반에 전대식이 있는 건 아시죠?"

"대식이가 왜?"

"전대식 별명은 음식 흡입기입니다. 6반이 먼저 급식실로 간다면 우린 스파게티 면발 한 가닥도 먹지 못할 것입니다."

"맞아요. 선생님!"

아이들까지 관호 말에 맞장구를 쳤어요.

관호에게 꿀밤을 콩 쥐어박으려

던 선생님이 웃음을 터트렸어요.

"식단표 줄줄 외우는 거 보면 사회 공부도 잘 할 것 같은데~ 우리 관호 머리는 참 신기해."

"식단표는 먹을 거고 사회는 공부잖아요."

혀를 쏙 내밀며 할 말 다하는 관호를 선생님은 귀엽다는 듯 웃으며 바라보았어요. 수빈이는 그런 관호가 왠지 멋져 보였어요. 아마 엄마가 이 모습을 봤다면 버릇없는 행동이라며 혼을 냈을 테지만요.

결국 우리는 사회 시간 10분을 남기고 급식실로 향했어요. 아이들은 이게 다 관호 덕분이라며 손을 추켜올렸어요.

관호는 말썽꾸러기지만 아이들이 좋아했어요. 선생님께 꼬박꼬박 말대답을 하는데도 선생님은 웃었어요. 졸음이 찾아오는 5교시 수학 시간에도 관호가 한마디 하면 아이들이 말똥말똥해졌고, 다른 반과 체육 시합을 할 때도 관호가 나서면 모든 게 해결되었어요. 여자아이들을 놀리고 도망쳐도

여자아이들은 관호와 잘 놀았어요. 빌려 준 지우개에 관호가 구멍을 뚫어도 한 대 때리고 나면 다 풀리나 봐요. 다시 연필을 빌려 주고 공책도 보여 줬어요. 자기 하고 싶은 말 다하는 관호에게는 아이들의 마음을 움직이는 알 수 없는 힘이 있는 것 같았어요. 쉬는 시간에 관호 자리로 우르르 몰려가 이야기를 나누는 아이들만 봐도 그래요. 관호가 무슨 말만 해도 까르륵 웃고, 어떤 행동을 해도 아이들은 맞장구를 쳤어요. 수빈이는 그런 관호가 부러웠어요.

　식판을 들고 줄을 기다리던 관호가 코를 벌름거리며 몸을 배배 꼬았어요. 수요일은 특별 음식이 나오는 날이에요. 아이들이 좋아하는 떡볶이나 피자, 돈가스 같은 음식이 나오기 때문에

수요일 급식 줄은 경쟁이 치열해요. 오늘처럼 스파게티가 나오는 날이면 끝줄에 있다가는 소스만 잔뜩 받을 수도 있거든요.

화장실에 갔다 오느라 늦은 성래를 관호가 불렀어요. 빈 식판을 들고 어디에 낄까 눈치를 보던 성래가 관호 쪽으로 걸어왔어요.

"야, 기부 천사 앞에 서. 괜찮지, 기부 천사?"

관호가 수빈이를 향해 눈을 찡긋거렸어요. 뭐라고 말을 해야 할까 갑자기 머리가 복잡했어요.

'내 마음이 시키는 대로 할 거야. 당당하게 내가 하고 싶은 대로 할 거야.'

하지만 우물쭈물 망설여졌어요. 어떻게 해야 할까? 고민하고 있는 사이 성래가 벌써 앞에 서 있었어요.

수빈이는 자기도 모르게 앞줄에 서 있는 규희를 쳐다보았어요. 규희는 민아랑 이야기를 주고받느라 눈치채지 못한 것 같았어요.

'그래, 끼워 줄 수도 있지 뭐.'

"역시 기부 천사야."

관호와 성래는 둘이 붙어 어깨동무를 하며 히히닥거렸어요.

급식을 받아 들고 어디에 앉을까 휘 둘러보는데, 규희가 오라고 손짓했어요. 마주 앉은 민아가 자리를 비켜 주었어요.

"자전거 타는 모습이 너무 멋져. 아파트 상가 앞에서 자주 만나는데, 만날 때마다 아는 척해 주는 거 있지."

손을 가슴에 모으고 배시시 웃으며 말을 하는 민아 모습이 너무 웃겼어요.

"무슨 이야기야?"

규희가 손으로 입을 가리며 속닥거렸어요.

"민아가 사랑에 빠졌대!"

"응?"

"저기 스파게티 우적우적 먹고 있는 애, 옆에 있는 애한테."

규희의 손가락이 볼이 터지게 스파게티를 먹고 있는 관호를 지나 성래에게 멈췄어요. 그 순간 성래가 손을 흔들며 아는 척을 했어요. 수빈이는 마늘빵을 먹다 말고 캑캑거렸어요.

"괜찮니? 놀라기는. 수빈이 네가 보기에도 멋지지 않니?"

수빈이 등을 두들겨 주면서도 민아의 목소리는 붕붕 떠 있는 것 같았어요. 그때 저벅저벅 관호가 이쪽으로 걸어왔어요. 한 손에 포크를 든 채 실실 웃으면서 말이에요.

"수빈아, 파인애플 맛있겠다."

말이 끝나기가 무섭게 관호는 파인애플을 우물거리고 있었어요.

"수빈아, 스파게티 다 먹을 거야?"

마늘빵이 잘못 넘어갔는지 목구멍이 따갑고 콜록콜록 기침이 나왔어요.

"먹어도 된다는 뜻으로 알고."

관호는 포크로 스파게티를 푹 찍어 돌돌 말았어요. 입을 쩌억 벌려 넣으려는 순간, 수빈이가 관호의 손을 쳤어요.

"안 돼."

기침이 계속 나왔어요.

"왜 이래? 기부 천사."

능청스럽게 싱글싱글 웃으며 다시 입으로 집어넣으려고 했어요.

'네 마음이 시키는 대로 해. 화가 나면 화를 내.'

주문처럼 머릿속으로 중얼거렸어요. 물컵을 내미는 규희의 눈빛도 그렇게 말하고 있는 것 같았어요. 무슨 의식을 치르듯 물을 한 모금 마신 뒤, 꼿꼿하게 자세를 가다듬었어요. 그러고는 관호와 눈을 맞추었어요. 짧은 정적이 흘렀어요.

"유관호! 안 된다고 말했잖아. 왜

내가 허락도 하지 않았는데 함부로 내 걸 빼앗아 먹니?"

신인 배우가 처음 무대에 올라 대사를 외우는 것처럼 어딘가 어색했어요. 하지만 속이 뻥 뚫리는 듯했어요. 마음이 편안했어요. 당당한 수빈이의 모습에 관호가 움찔했어요.

"너 좀 이상하다! 늘 양보하던 기부 천사가 화를 다 내고?"

옆에 있던 규희가 입 모양으로 잘한다며 주먹을 쥐어 보였어요. 내친김이다 싶었어요.

"유관호! 앞으로 한 번만 더 내 거 뺏어 먹으면 알아서 해. 내가 주기 전까지는 내 식판에 함부로 손대지 마. 그리고 나 오늘부터 천사 졸업했으니까 앞으로 그렇게 부르지도 말고."

그러고는 슬쩍 관호를 밀쳤어요. 어안이 벙벙해서 서 있던 관호는 뒤로 주춤 물러나다 벌러덩 넘어졌어요. 규희랑 민아가 킥킥거렸어요.

"너, 이수빈 맞냐? 기부 천사인지 수호천사인지 하는 이수빈 맞아?"

"나, 천사 안 한다고 했지?"

오호~! 규희가 엄지손가락을 추켜들며 소리를 질렀어요.

"이수빈도 화낼 줄 아는구나. 그동안 어떻게 참았냐? 난 네가 사람이 아닌 줄 알았어. 이제 사람 같네."

"뭐라고?"

수빈이의 손이 관호의 등짝을 후려쳤어요.

"으악! 김규희 투 나타났다. 도망치자."

도망치는 관호를 잡으러 가다가 식판을 들고 오던 6반 선생님과 부딪쳤어요.

"너희 둘, 여기가 운동장이야? 여기 서서 친구들 식판 다 받아 줘."

둘은 벌로 식판 정리를 했어요. 숟가락과 젓가락을 정리하고 컵은 컵 쟁반에, 남은 반찬은 커다란 통에 쏟았어요. 속이 메슥거렸지만 기분이 나쁘지는 않았어요.

"유관호, 이수빈 잘 어울린다!"

규희가 식판을 내밀며 놀렸어요.

"그러게. 나와 성래에 이어 우리 반 두 번째 커플 탄생하는

거 아냐?"

윙크를 하며 민아까지 한마디 덧붙였어요.

"나, 이제 안 참아. 너희 둘 집에 갈 때 두고 보자."

"그래, 좋아! 이따 보자고."

규희랑 민아가 엉덩이를 빼딱거리며 지나가는데 자꾸 웃음이 나왔어요. 관호도 뭐가 좋은지 실실 웃었어요.

'자기 보고 웃는 줄 아나? 혹시 내가 자기 좋아한다고 생각하는 거 아냐? 으악!'

수빈이는 고개를 절레절레 흔들며 식판을 차곡차곡 쌓았어요.

왜 나만 참아야 해?

12월 두 번째 토요일, 규희네 집에서 '새별 엄마 모임'이 있는 날이에요. 수빈이는 집에 책가방을 내려놓고 규희네 집으로 뛰어갔어요.

"어, 수빈이 왔구나!"

먼저 온 승준이가 규희랑 만화책을 읽고 있었어요.

"무슨 책이야?"

승준이는 보던 책을 수빈이에게 주고 다른 책을 꺼냈어요. 하지만 이내 그 책을 팽개치더니 수빈이 책을 낚아챘어요.

"다시 줘. 이건 재미없어."

수빈이는 줬다가 다시 뺏으면 엉덩이에 뿔이 난다며 승준이에게 따졌어요. 승준이도 원래 자기가 보던 책이라며 우겼어요. 티격태격 싸우고 있는데 엄마가 들어왔어요.

"수빈이 무슨 일이니?"

"승준이가 내 책을 뺏어 갔어."

"싸우지 말고, 네가 참아. 승준이한테 양보해."

"왜 나만 만날 참아야 해?"

버럭 소리를 지르는 수빈이 쪽으로 눈길이 쏠렸어요.

엄마는 달래듯 조용조용 타일렀어요.

"무조건 참으라는 게 아니라, 넌 좀 이따 봐도 되잖아. 그렇게 싸우고 화낼 거면 집에 가 있어."

그때 승준 엄마가 나서서 한마디 했어요.

"안 봐도 우리 승준이가 수빈이 약을 살살 올렸을 거야. 수빈 엄마는 왜 만날 수빈이한테 참으라고 해? 친구가 잘못했으면 화를 낼 줄도 알아야지."

"맞아, 수빈이처럼 계속 참고 있으면 쟤한테는 저래도 된다고 생각한다니까."

엄마가 아무 말도 못했어요. 아무 때나 화를 내는 건 나쁘지만 무조건 참는 것도 이제 안 하기로 했어요.

그때 동생 수연이가 냉큼 들어와서는 수빈이와 규희 사이로 끼어 앉았어요.

"나도 같이 놀아."

"안 돼. 지금 우리끼리 할 일이 있단 말이야. 그렇지?"

"그럼, 우리끼리 비밀 이야기 있지."

규희가 눈을 찡긋하며 어깨동무를 했어요. 셋은 머리를 맞대고 속닥속닥 수군수군 저희끼리 깔깔거렸어요. 여기 기웃 저기 기웃거리던 수연이는 울상을 지으며 엄마를 쳐다봤어요.

"이수연! 만날 너하고 놀아 줬잖아. 오늘은 정말 안 돼!"

"언니 미워! 으앙."

집이 떠나가도록 엉엉 울었지만 수빈이는 눈 하나 깜짝하지 않았어요.

"수빈이가 변했다더니 진짜네."

규희 엄마가 비밀을 털어놓듯 눈치를 살폈어요.

"그렇다니까. 옛날 이수빈이 아니야."

"벌써 사춘기인가?"

"사춘기?!"

엄마들이 입을 쩍 벌리며 서로 마주 보았어요.

"와, 눈 온다. 눈이다!"

훌쩍거리던 수연이가 베란다로 뛰어나가며 소리쳤어요.

"첫눈이다. 첫눈!"

　베란다 창문을 열고 밖으로 손을 쭉쭉 내밀다, 아이들은 서로의 얼굴을 바라보았어요. 그러고는 누가 먼저랄 것도 없이 밖으로 우르르 뛰어나갔어요. 엘리베이터를 기다릴 새도 없었어요. 마음이 급했거든요.
　"감기 걸려. 목도리 하고 나가야지."
　"장갑은 끼었니?"
　감기가 걸려도 괜찮아요. 지금은 마음이 움직이는 대로, 참지 말고 눈을 맞이해야 할 시간이기 때문이에요.

내 감정 표현 지수는?

여러분은 자신의 감정을 잘 표현하고 있나요?
화가 난다고 마구 소리 지르며 울고불고하는 건 아닌지,
아래 질문을 보고 A,B,C 중 어느 유형인지 확인해 보세요.

1. 친구가 내 물건을 맘대로 쓰는 게 싫지만 말하지 못한다.
2. 화를 내면 상대방이 싫어할 테니까 꾹 참는다.
3. 화를 내는 건 좋은 행동이 아니므로 무조건 참는 게 좋다.

용기를 내 봐 : 화를 꾹꾹 참고 네 감정을 잘 표현하지 않는구나. 하지만 너무 참기만 하면, 넌 괴롭혀도 괜찮은 아이라고 생각해서 만만하게 볼 수 있어. 조금씩 네 마음을 표현할 수 있게 용기를 내 봐.

B

1. 화가 나면 우선 심호흡을 하고, 다른 생각을 하려고 한다.
2. 친구가 이상한 별명으로 부르면, 기분이 좋지 않으니 그 별명으로 부르지 말라고 솔직하게 말한다.
3. 화가 났을 때는 신나는 음악을 듣거나 춤을 추며 화를 푼다.

잘하고 있어! : 화가 날 때 적당히 참을 줄도 알고, 네 감정을 솔직하면서도 예의 있게 표현할 줄 아는구나. 구체적으로 어떤 점 때문에 마음이 상했는지를 솔직히 말하는 건 아주 좋은 방법이야.

C

1. 친구가 내 반찬을 빼앗아 먹으면 소리 지르며 화를 낸다.
2. 화가 났을 때는 누가 말을 걸어도 대꾸하지 않는다.
3. 화가 나면 고래고래 악을 쓰며 울고불고해야 속이 풀린다.

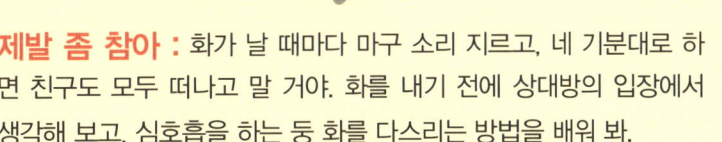

제발 좀 참아 : 화가 날 때마다 마구 소리 지르고, 네 기분대로 하면 친구도 모두 떠나고 말 거야. 화를 내기 전에 상대방의 입장에서 생각해 보고, 심호흡을 하는 등 화를 다스리는 방법을 배워 봐.

화가 날 땐 이렇게 해

화가 날 때 어떻게 해야 할지 모르는 친구들이 많아.
다음 방법처럼 하면 화가 많이 풀릴 거야.

1. 자신의 행동을 돌이켜 생각해 본다.
2. 내가 왜 화를 내는 걸까? 질문을 해 본다.
3. 놀이터나 운동장 같은 다른 곳으로 가서 크게 소리쳐 본다.
4. 상대방이 그럴 만한 사정이 있겠지 생각한다.
5. 가장 즐거웠을 때를 생각한다.
6. 크게 심호흡을 하며 흥분된 마음을 가라앉힌다.
7. 북이나 빈 페트병을 신나게 두들긴다.
8. 재미있는 놀이를 한다.
9. 개그 프로를 본다.
10. 좋아하는 음악을 듣는다.

예의 있게 화내는 법

화를 내는 것이 꼭 나쁜 일만은 아니야. 하지만 화를 낼 때는 상대방을 배려하면서 예의를 갖춰야 해.

1. 내가 왜 화가 났는지 천천히 설명한다.
2. 말을 할 때는 소리 지르거나 울지 않는다.
3. 화가 난 부분에 대해서만 이야기한다.
4. 상대방이 말할 때 끼어들거나 말을 가로채지 않는다.
5. 상대방도 내 말에 기분 나쁠 수 있다는 걸 이해한다.

상황1 딱꿍이 내 필통에 낙서를 해 놓았다.

엉엉엉! 내 필통에 낙서했어. 물어내! 선생님한테 이를 거야.

내가 네 필통에 낙서하면 좋겠니? 낙서 지우고, 나한테 사과해.

상황2 동생이 내 장난감을 가지고 놀다가 그만 망가뜨렸다.

일부러 내가 가장 좋아하는 장난감 망가뜨린 거지? 네 장난감도 망가뜨릴 거야.

가장 아끼던 장난감이 망가져서 너무 화가 나. 하지만 일부러 그런 건 아니니까 이번엔 용서해 줄게.

상황3 공부를 하고 있는데 친구들이 자꾸 떠든다.

조용히 좀 해. 나 공부하는 거 안 보여?

얘들아, 얼른 공부해야지. 우리 내일 시험 보잖아.

감정을 잘 표현하게 도와주는 책
부글부글 화가 나

초판 1쇄 발행 2012년 12월 12일 **초판 17쇄 발행** 2021년 11월 18일

글 박혜선 **그림** 권송이
펴낸이 이승현

편집3 본부장 최순영
교양 학습 팀장 김문주
키즈 디자인 팀장 이수현 **디자인** 마루·한

펴낸곳 ㈜위즈덤하우스 **출판등록** 2000년 5월 23일 제13-1071호
제조국 대한민국 **주소** 서울특별시 마포구 양화로 19 합정오피스빌딩 17층
전화 02)2179-5600 **홈페이지** www.wisdomhouse.co.kr **전자우편** kids@wisdomhouse.co.kr

ⓒ박혜선, 2012
ISBN 978-89-6247-351-3 74810
ISBN 978-89-92010-33-7(세트)

* 이 책의 전부 또는 일부 내용을 재사용하려면 반드시 사전에 저작권자와 ㈜위즈덤하우스의 동의를 받아야 합니다.
* 인쇄·제작 및 유통상의 파본 도서는 구입하신 서점에서 바꿔드립니다.
* 책값은 뒤표지에 있습니다.
* 이 책의 사용 연령은 8~13세입니다.